BEI GRIN MACHT SICH IHR WISSEN BEZAHLT

- Wir veröffentlichen Ihre Hausarbeit,
  Bachelor- und Masterarbeit

- Ihr eigenes eBook und Buch -
  weltweit in allen wichtigen Shops

- Verdienen Sie an jedem Verkauf

Jetzt bei www.GRIN.com hochladen
und kostenlos publizieren

Bibliografische Information der Deutschen Nationalbibliothek:

Die Deutsche Bibliothek verzeichnet diese Publikation in der Deutschen National-
bibliografie; detaillierte bibliografische Daten sind im Internet über http://dnb.d-
nb.de/ abrufbar.

Impressum:

Copyright © 2019 GRIN Verlag
Druck und Bindung: Books on Demand GmbH, Norderstedt Germany
ISBN: 9783346057136

Dieses Buch bei GRIN:

https://www.grin.com/document/502311

Verena Hadek

Trainingsplan für ein Beweglichkeits- und Koordinationstraining einer fiktiven Person

GRIN Verlag

Deutsche Hochschule für
Prävention und Gesundheitsmanagement
Hermann Neuberger Sportschule 3
66123 Saarbrücken

Einsendeaufgabe

Fachmodul:	Trainingslehre III
Studiengang:	BGM
Datum Präsenzphase:	04.03.19 – 06.03.19
Name, Vorname:	Hadek, Verena
Studienort:	**München**
Semester:	**SS17**

Inhaltsverzeichnis

1 Personendaten

Im Folgenden wird ein Trainingsplan für ein Beweglichkeits- und Koordinationstraining einer beliebigen fiktiven Person erstellt und die Personendaten der Kundin vorgestellt. Dazu werden zu Beginn die allgemeinen und medizinischen Daten der Person erfasst und im Anschluss bewertet.

1.1 Anamnese

Tabelle 1 stellt neben den allgemeinen Informationen auch medizinisch relevante Aspekte der Testperson dar.

Tabelle 1:   **Anamnesebogen der Testperson (eigene Darstellung)**

Allgemeine Daten	
Alter	30
Geschlecht	Weiblich
Körpergröße	175cm
Körpergewicht	70 kg
Trainingsmotive	– Erhalt und Verbesserung der Beweglichkeit – Ausgleich monotoner Alltagshaltung – Steigerung Entspannungsfähigkeit – Gleichgewichtssinn verbessern
berufliche Tätigkeit	Büroangestellte
frühere Aktivitäten	im Alter von 16-25 Jahren: 2x wöchentlich 90min Handballtraining
aktuelle Aktivitäten	3x wöchentliches Krafttraining, jeweils 45-60 Minuten
Zeitl. Verfügungsrahmen	3 Trainingseinheiten/Woche bis zu 45 Minuten
Medizinische Daten	
In ärztlicher Behandlung	nein
Orthopädische Probleme	nein
Internistische Probleme	nein
Medikamente	keine

Der Allgemeinzustand der Probandin lässt sich in Bezug auf die Daten in Tabelle 1 als solide bezeichnen. Sie befindet sich weder in ärztlicher Behandlung noch sind akute Beschwerden bekannt. Die Angaben zur sportlichen Aktivität weisen einen durchschnittlichen Fitnesszustand auf. Anhand der medizinischen Daten, lassen sich keinerlei Einschränkungen für die Trainingsplanung erkennen.

2   Beweglichkeitstestung

Im Folgenden wird ein vereinfachtes Testverfahren in Anlehnung an die Muskelfunkti-
onsprüfung nach Janda (2000) angewandt. Durch die Testung der 5 Muskelgruppen soll
die aktuelle Beweglichkeitssituation der Probandin herausgefunden werden und eventu-
elle Defizite der Beweglichkeit diagnostiziert werden. Die erhobenen Daten werden im
Anschluss in einer Tabelle mit Normwerten verglichen. Die folgende Tabelle 2 zeigt die
jeweiligen Muskeln, sowie die Vorgehensweise der Testung und zusätzliche Hinweise
zur Durchführung.

Tabelle 2:   Beweglichkeitstestung (eigene Darstellung)

Muskel	Vorgehensweise	Hinweise
M. Pectoralis major	Zur Testung der Brustmuskulatur liegt die Proban-din in Rückenlage auf der Behandlungsliege. Zur Fixierung des Beckens werden die Beine angewin-kelt und die Füße stehen auf der Liegenauflageflä-che. Durch leichten Zug mit der Hand des Testers in diagonaler Richtung weg vom zu testenden Arm wird der Thorax fixiert. Im Schultergelenk ist der zu testende Arm abduziert und außenrotiert, während das Ellenbogengelenk in einem Beugewinkel von 90° steht. Die Position des Oberarmes zur Horizon-talen gilt als Messbereich (Janda, 2000, S. 270).	Das Becken und die Lendenwirbelsäule müssen während der Testung fixiert blei-ben, um eine Ergeb-nisverfälschung zu vermeiden.
M. iliopsoas	Zur Testung der Hüftbeugemuskulatur liegt die Probandin in Rückenlage auf der Behandlungslie-ge. Das Gesäß schließt mit der Vorderkante der Liege ab und die Beine hängen herab. Die Testper-son greift nun ein Bein und zieht dieses so nah wie möglich an den Körper heran. Das andere Bein hängt locker herab. Als wertender Messbereich gilt die Position des Oberschenkels im Verhältnis zur Körperlängsachse (Janda, 2000, S. 258).	Das Becken und die Lendenwirbelsäule müssen während der Testung fixiert blei-ben, um eine Ergeb-nisverfälschung zu vermeiden.
M. rectus femo-ris	Die Probandin positioniert sich zur Testung der Hüftbeugung so in Rückenlage, dass das Gesäß mit der Unterkante der Behandlungsliege ab-schließt. Wie schon beim vorherigen Test beschrie-ben, zieht die Probandin ein Bein so nah wie mög-lich an den Körper heran. Das andere Bein wird nun vom Tester in eine maximale Hüftstreckung ge-bracht und anschließend in die größtmögliche Kniebeugung geführt. Als Messbereich gilt der Kniebeugewinkel (Janda, 2000, S. 258).	Die Beugung im Kniegelenk darf wäh-rend der Testung nicht durch die Liege beeinträchtigt wer-den.

Muskel	Vorgehensweise	Hinweise
Mm. ischio-crurales	Zum Test der Kniebeugemuskulatur liegt die Probandin in Rückenlage auf der Behandlungsliege. Das nicht zu testende Bein ist gebeugt und steht auf der Behandlungsliege. Der Tester greift das Fußgelenk des zu testenden Beines und bringt dies bei gestrecktem Kniegelenk in die maximale Hüftflexion. Der Hüftbeugewinkel gilt als Messbereich (Janda, 2000, S. 261).	Das zu testende Beim muss während der Testung in gestrecktem Zustand bleiben.
Mm. Triceps surae	Zur Prüfung der Wadenmuskulatur befindet sich die Probandin in Rückenlage auf einer Behandlungsliege, wobei das nicht zu testende Bein gebeugt auf der Behandlungsliege steht. Der Unterschenkel des ausgestreckten Testbeins ragt über die Liege hinaus. Mit einer Hand greift der Tester nun den unteren Teil des Fersenbeins. Die andere Hand greift die Fußaußenkante. Die Hand am Fersenbein zieht den Fuß nun in distale Richtung während der Daumen der Hand an der Außenkante des Fußes den Vorfuß mit leichtem achsengerechtem Druck in Richtung Schienbein drückt. Als Messbereich gilt der Dorsalextensionswinkel (Janda, 2000, S. 255).	Der Druck mit dem Daumen soll nur an der Fußkante ausgeübt werden, um eine reflektorische Anspannung der Mm. triceps surae zu vermeiden.

In Tabelle 3 sind die jeweiligen Normwerte der einzelnen Beweglichkeitstestungen, sowie die Ergebnisse der Testung der Probandin dargestellt.

Tabelle 3: **Normwerte und Ergebnis der Testperson (eigene Darstellung)**

Stufe	Muskel	Ergebnis	
		Rechts	Links
	M. pectoralis major (Janda, 2000, S. 271)		
0	Keine Beweglichkeitsdefizite; Der Oberarm erreicht die Horizontale; leichter Druck durch Tester ermöglicht Bewegungsausmaß unter die Horizontale		
1	Leichte Beweglichkeitsdefizite; Horizontale wird nur durch leichten Druck des Testers erreicht	1	1
2	Deutliche Beweglichkeitsdefizite; selbst unter Druckausübung durch den Tester ist das Erreichen der Horizontalen nicht möglich		
	M. iliopsoas (Janda, 2000, S. 259)		
0	Keine Beweglichkeitsdefizite; Oberschenkel erreicht die Horizontale; leichter Druck durch Tester ermöglicht Bewegungsausmaß unter die Horizontale	0	0
1	Leichte Beweglichkeitsdefizite; die Horizontale wird nur durch leichten Druck des Testers erreicht		
2	Deutliche Beweglichkeitsdefizite; selbst unter Druckausübung durch den Tester ist das Erreichen der Horizontalen nicht möglich		

4

Stufe	Muskel	Ergebnis	
		Rechts	Links
	M. rectus femoris (Janda, 2000, S. 259)		
0	Keine Beweglichkeitsdefizite; Unterschenkel hängt senkrecht herunter; leichte Druckausübung durch den Tester vergrößert die Knieflexion	0	0
1	Leichte Beweglichkeitsdefizite; Unterschenkel leicht nach vorne Gestreckt; 90° Kniebeugewinkel wird durch leichte Druckausübung durch den Tester erreicht		
2	Deutliche Beweglichkeitsdefizite; erkennbar nach vorne gestreckter Unterschenkel, selbst unter Druckausübung durch den Tester ist das Erreichen des 90° Kniebeugewinkels nicht möglich		
	Mm. ischiocrurales (Janda, 2000, S. 262)		
0	Keine Beweglichkeitsdefizite; 90° Flexion im Hüftgelenk möglich	0	0
1	Leichte Beweglichkeitsdefizite; Bewegungsausmaß der Flexion im Hüftgelenk zwischen 80-90° möglich		
2	Deutliche Beweglichkeitsdefizite; Flexion im Hüftgelenk nur unter 80° möglich		
	Mm. triceps surae (Janda, 2000, S. 255)		
0	Keine Beweglichkeitsdefizite; Dorsalextension ist mindestens bis zur 0°- Stellung möglich (90° zwischen Fuß und Unterschenkel)	0	0
1	Leichte Beweglichkeitsdefizite; erreichen der 0°- Stellung nicht möglich, jedoch eine Dorsalextension		
2	Deutliche Beweglichkeitsdefizite; Dorsalextension nur bis 10° unter der 0°- Stellung möglich		

Anhand des Testergebnisses kann man erkennen, dass die Beweglichkeit der Testperson in einem guten Zustand ist. Lediglich in der Brustmuskulatur lässt sich auf beiden Seiten ein Beweglichkeitsdefizit feststellen. In den anderen Muskelgruppen gibt es keinerlei Einschränkungen.

3 Trainingsplanung Beweglichkeitstraining

Das folgende Dehnprogramm enthält die von der Probandin festgelegten Ziele. Dazu gehört der Erhalt der Beweglichkeit, die Förderung der Entspannungsfähigkeit, sowie einen Ausgleich zu einseitigen Alltagshaltungen schaffen, wie beispielsweise im Beruf als Büroangestellte. Das Wiedererlangen der vollen Beweglichkeit in der Brustmuskulatur gilt als spezielles Ziel, da dort bei der Beweglichkeitstestung ein Defizit festgestellt wurde.

3.1 Dehnprogramm: Übungsauswahl

In der folgenden Tabelle 4 werden die einzelnen Übungen inklusive der Zielmuskulatur und Dehnmethode dokumentiert. Die ausführliche Beschreibung der Übungen wird im Nachfolgenden erläutert. Darauf folgt in Tabelle 5 das Belastungsgefüge des Beweglichkeitstrainings.

Tabelle 4: Übungsauswahl des Dehnprogrammes der Testperson (eigene Darstellung)

	Übung	Zielmuskulatur	Methode	
			Dehnform	Arbeitsweise
1.	Nacken und seitlicher Hals	M. trapezius pars descendens	aktiv	statisch
2.	Schulter	M. trapezius Mm. rhomboidei	aktiv	dynamisch
3.	Bauch und Rücken	M. obliquus externus abdominis M. obliquus internus abdominis M. latissimus dorsi	passiv	statisch
4.	Brust	M. pectoralis major	Postisometrisch	
5.	Hüfte	M. iliopsoas M. rectus femoris	passiv	statisch
6.	Adduktoren	M. pectineus M. adductor longus M. adduktor magnus	passiv	statisch
7.	Oberschenkelrückseite	M. semitendinosus M. semimembranosus M. biceps femoris	passiv	statisch
8.	Oberschenkelvorderseite	M. quadriceps femoris M. sartorius	passiv	statisch
9.	Gesäß	M. glutaeus maximus M. glutaeus medius M. glutaeus minimus	passiv	statisch
10.	Waden	M. gastrocnemius M. soleus	passiv	dynamisch

3.1.1 Nacken und seitlicher Hals

Die Probandin befindet sich in der Ausgangsposition ein. Dies bedeutet sie nimmt einen etwas mehr als hüftbreiten, stabilen und aufrechten Stand mit Blickrichtung nach vorne ein, wobei sich der Kopf in Verlängerung zur Wirbelsäule befindet. Zusätzlich sollen die Knie leicht gebeugt sein und die Arme seitlich am Körper herabhängen. Nun neigt die Probandin den Kopf auf eine Seite, wobei die Blickrichtung nach vorne gerichtet bleibt. Die Dehnposition wird eingenommen, indem die gegenüberliegende Schulter

6

durch eine Depression der antagonistisch wirkenden Muskulatur (M. trapezius pars ascendens, M. pectoralis minor und M. serratus anterios) nach unten gezogen wird. Nachdem die eine Seite 30 Sekunden aktiv- statisch gedehnt wurde, kehrt die Probandin in die Ausgangsposition zurück. Nach 15 Sekunden Pause wiederholt sie den Vorgang der Dehnung.

3.1.2   Schulter

Die Ausgangsposition zur Dehnung der Schulterblattfixatoren (M. trapezius und Mm. rhomboidei) ist der schulterbreite Stand auf beiden Beinen, die leicht gebeugt sind. Das Becken ist fixiert und Rücken und Kopf sind gerade. Nun werden die Arme in Schulterhöhe nach vorne ausgestreckt und die Hände ineinander verschränkt. Die Antagonisten bei dieser Übung sind der M. pectoralis minor und der M. serratus anterior. Durch die Kontraktion dieser beiden Muskeln werden die Schulterblätter aktiv nach vorne gezogen (Protraktion) und somit die Dehnposition eingenommen. Der Kopf wird zusätzlich leicht nach vorne geneigt, die Schultern bleiben jedoch fixiert. Diese Dehnübung soll aktiv- dynamisch ausgeführt werden. Das bedeutet nachdem die Dehnposition für einige Sekunden gehalten wurde, löst die Testperson die Kontraktion der Antagonisten auf und hebt den Kopf wieder leicht an. Die Dehnposition wird im Wechsel ca. 15 Mal eingenommen und wieder aufgelöst.

3.1.3   Bauch/Rücken

Es wird die Ausgangsposition wie in Übung 1 eingenommen. Es ist dabei zu beachten, dass die Knie leicht angewinkelt sind und das Becken fixiert ist. Die Arme werden nun vom Körper abgespreizt, über den Kopf gehoben und die Hände ineinander verschränkt. Der Brustkorb wird nach vorne geschoben. Nun wird der Oberkörper leicht zur Seite geneigt, während der Arm der gegenüberliegenden Seite nach oben gezogen wird. Ist die Dehnposition erreicht, wird diese 30 Sekunden lang gehalten. Daraufhin wird der Zug des Armes wieder gelockert und der Oberkörper kehrt in die aufrechte Position zurück. Nach einer 15- Sekündigen Pause wird der Vorgang wiederholt.

3.1.4 Brust

Die Ausgangsposition ist bei dieser Übung die Sitzposition mit gestreckten und leicht gespreizten Beinen am Boden. Der Oberkörper ist aufrecht, der Kopf steht in Verlängerung zur Wirbelsäule und die Blickrichtung zeigt nach vorne. Die Arme werden nun seitlich auf Schulterhöhe angehoben, während das Ellbogengelenk zu 90° gebeugt wird. Die Unterarme stehen nun senkrecht zu den Oberarmen und die Handflächen zeigen nach vorne. Ein Partner kniet hinter der Testperson und stützt dessen Oberkörper durch den Unterschenkel seines einen Beins und umgreift die Unterarme der Testperson. Die Probandin spannt nun aktiv die zu dehnende Muskulatur an, indem sie versucht die Ellenbogen vor dem Körper zusammenzuführen. Der Partner führt einen leichten Widerstand gegen diese Bewegung auf die Unterarme der Testperson aus. Diese Kontraktion wird 5-10 Sekunden gehalten, dann löst der Partner der Partner den Widerstand und zieht im Gegensatz dazu die Arme der Probandin leicht hinter ihren Körper in die Dehnposition, sodass der vorher kontrahierte Muskel erst entspannt nun für 10 Sekunden gedehnt wird. Die Kontraktion und Dehnposition werden nun im Wechsel 50-60 Sekunden lang eingenommen, wobei darauf geachtet werden muss, dass die Dehnposition direkt nach der Kontraktion eingenommen wird, da die postisometrische Relaxation in der ersten Sekunden nach der Kontraktion am effektivsten ist (Weineck, 2004, S. 362).

3.1.5 Hüfte

Die Probandin nimmt als Ausgangsposition eine stabile Schrittstellung ein. Das Knie und der Unterschenkel des hinteren Beines liegen auf dem Boden auf. Das vordere Bein steht mit der ganzen Fußsohle auf dem Boden und das Kniegelenk ist zu ca. 90° gebeugt. Der Rücken ist aufrecht und der Kopf steht in Verlängerung der Wirbelsäule. Der Oberkörper wird mit den Händen auf dem Oberschenkel des Vorderen Beins aufgestützt. Während der Dehnübung bleibt der Oberkörper in dieser Haltung fixiert. Nun wird der Körperschwerpunkt nach vertikal unten verlagert und das Becken gleichzeitig nach vorne geschoben. Die Dehnung wird für 30 Sek. Passiv statisch gehalten und danach aufgelöst indem der Körperschwerpunkt und das Becken in die Ausgangsposition zurückverlagert werden. Nach einer Pause von 15 Sekunden wird der Dehnvorgang wiederholt.

3.1.6 Adduktoren

Die Probandin nimmt die Ausgangsposition (vgl. Übung 1) ein, wobei die Beine etwas breiter als schulterbreit stehen. Die Fußspitzen sind parallel und zeigen beide nach vorne. Nun beugt sie ein Knie hält jedoch das andere gestreckt und die Fußspitzen zeigen immer noch nach vorne. Die Hände werden auf dem Oberschenkel des gebeugten Beins abgestützt. Die Dehnposition wird nun eingenommen indem die Testperson den Schwerpunkt verlagert und sich in Richtung des gebeugten Beins lehnt. Nach 30 Sekunden passiv statischer Dehnung der Adduktoren nimmt die Probandin wieder die Ausgangsposition ein. Nach einer Pause von 15 Sekunden wiederholt sie den Vorgang.

3.1.7 Oberschenkelrückseite

Die Ausgangsposition zur Dehnung der Oberschenkelrückseite ist die Sitzposition mit geschlossenen und gestreckten Beinen. Der Oberkörper ist aufrecht und der Kopf steht in Verlängerung zur Wirbelsäule mit Blickrichtung nach vorne. Die Hände werden locker neben den Oberschenkeln am Boden abgelegt. Die Dehnposition wird nun eingenommen indem die Probandin eine leichte Hüftflexion durchführt und den Oberkörper damit leicht nach vorne lehnt. Währenddessen kippt sie das Becken nach vorne. Diese passiv- statische Dehnung wird ca. 30 Sekunden gehalten und danach wieder aufgelöst, um in die Ausgansposition zurückzukehren. Nach 15 Sekunden Pause wird der Vorgang wiederholt.

3.1.8 Oberschenkelvorderseite

Die Ausgangsposition bei dieser Übung ist die Seitenlage. Der Arm der dem Boden zugewandt ist, wird in Verlängerung zum Oberkörper gestreckt auf dem Boden abgelegt. Das obere Bein wird nun im Kniegelenk gebeugt, während die Hand des oberen Arms dieses Bein etwas oberhalb des Sprunggelenkes umfasst und die Ferse maximal zum Gesäß heranzieht. Die beiden Oberschenkel sollen während der Übung parallel zueinander und zum Boden sein. Nach 30 Sekunden passiv statischer Dehnung des Oberschenkelstreckers wird die Ausgangsposition von der Probandin eingenommen. Nach einer Pause von 15 Sekunden wiederholt die Testperson den Vorgang.

9

3.1.9 Gesäß

Als Ausgangsposition liegt die Probandin in Rückenlage auf dem Boden. Ein Bein wird nun im Kniegelenk gebeugt und auf dem Boden aufgestellt. Das andere Bein wird in der Hüfte außenrotiert und mit dem Unterschenkel auf dem Oberschenkel des aufgestellten Beins abgelegt. Die Dehnposition wird eingenommen, indem die Probandin mit beiden Händen den Oberschenkel des aufgestellten Beins umfasst und die überkreuzten Beine so in Richtung Brust zieht. Der Unterschenkel des Stützbeines hängt währenddessen locker herab. Nach 30 Sekunden passiv-statischem Dehnen nimmt die Probandin die Ausgangsposition ein. Nach einer Pause von 15 Sekunden wiederholt sie den Vorgang.

3.1.10 Waden

Die Ausgangsposition zur Dehnung der Wadenmuskulatur ist der Stand auf beiden Beinen. Nun wird ein Bein in der Knieextension nach hinten gestellt, während die Fußsohle komplett auf dem Boden aufgesetzt wird. Das andere Bein wird im Kniegelenk, wie auch der Oberkörper, leicht gebeugt. Die Fußspitzen beider Füße zeigen parallel nach vorne. Um die Dehnposition einzunehmen wird durch eine Stärkere Beugung des vorderen Beins der Körperschwerpunkt nach vorne unten verlagert, wodurch die Dorsalextension im hinteren Bein vergrößert wird. Durch eine federnde Bewegung wird die Dehnposition nun abwechselnd eingenommen und wieder verlassen. Nach 30 Sekunden passiv dynamischer Dehnung der Wadenmuskulatur kehrt die Probandin in die Ausgangsposition zurück und pausiert 15 Sekunden.

Tabelle 5:   **Belastungsparameter des Dehnprogrammes (eigene Darstellung)**

	Statische Dehnungen	Dynamische Dehnungen	Postisometrische Dehnungen
Trainingshäufigkeit pro Woche	3	3	3
Sätze pro Übung	3	3	3
Dehndauer	Ca. 30 Sekunden	Ca. 30 Sekunden	6 Sekunden Anspannung 2 Sekunden Entspannung 10 Sekunden Dehnung ➜ Gesamt 60 Sekunden
Intensität	Dehnschwelle	Dehnschwelle	Dehnschwelle

3.2 Begründung des Dehnprogrammes

Das Dehnprogramm für die Probandin enthält nach Empfehlung Walkers (2014, S. 40) 10 Übungen für alle wichtigen Muskeln sowie deren Gegenspieler, um so viele Muskeln wie möglich ins Training einzubeziehen. Da die Probandin das Ziel hat ihre Beweglichkeit zu erhalten, ist es sehr wichtig so viele Muskeln wie möglich zu trainieren. Ebenfalls ins Dehnprogramm eingebaut ist eine Übung für die Brustmuskulatur, da diese ein Defizit in der Testung aufwies. Um das Beweglichkeitstraining abwechslungsreich zu gestalten werden alle Dehnmethoden eingesetzt. Das ist insofern auch deshalb wichtig, da jede Dehnung egal mit welcher Methode, unter der Voraussetzung, dass sie kontrolliert und korrekt ausgeführt wird, zu einer verbesserten Dehnfähigkeit bzw. Gelenkbeweglichkeit führt (Weineck, 2004, S. 323). Ein Grundaspekt für das Ziel der Verbesserung der Entspannungsfähigkeit der Probandin ist, dass nach langem Dehnen Muskelverspannungen und Muskelverhärtungen gelöst werden (Hottenrott & Neumann, 2010). Die Dehnübungen decken alle Muskelgelenksysteme ab, um Dysbalancen entgegenzuwirken, die häufig durch einseitige Belastungen im Alltag entstehen. Da bei der Probandin in der Testung ein Beweglichkeitsdefizit in der Brustmuskulatur festgestellt wurde, trainiert sie diesen Bereich durch die postisometrische Dehnmethode. Bei dieser Methode wird der zu dehnende Muskel vor der Dehnung kontrahiert. Die damit einhergehende Eigenhemmung des Muskels führt zu einer erweiterten Dehnungsstellung (Weineck, 2004, S.362). Grundsätzlich ist das Dehnprogramm von leicht zu schwer aufgebaut und enthält auch Übungen, die mehrere Muskeln dehnen. Vor Allem im Bereich der oberen Extremitäten und dem Rücken ist dies wichtig, da die Probandin aufgrund ihres Berufes viel sitzt und dabei eine monotone Körperhaltung einnimmt. Die Übungen sollen als Ausgleich gelten und Verspannungen vorbeugen.

4   Trainingsplanung Koordinationstraining

Im Folgenden wird ein Koordinationstraining für die Testperson erstellt. Das Ziel ist eine Verbesserung des Gleichgewichtssinnes. Zunächst werden die verschiedenen Übungen und das Belastungsgefüge erläutert. In einem weiteren Punkt folgt die Begründung der Übungsauswahl.

4.1 Koordinationsprogramm

Bevor das folgende Koordinationsprogramm gestartet wird, führt die Probandin die Modellierung des kurzen Fußes nach Janda durch. Diese Vorübung gilt auch als Grundsatz für die Durchführung eines Koordinationstrainings (Häfelinger, & Schuba, 2013, S. 66). Ebenfalls wichtig ist eine gleichmäßige Atmung, keine ruckartigen Bewegungen und die sofortige Beendung der Übung, wenn der Körper erschöpft ist (Häfelinger & Schuba, 2013, S. 73/74).

Tabelle 6:   Koordinationsprogramm: Übungsauswahl mit Beschreibung (eigene Darstellung)

Übung	Beschreibung
1	**Gleichgewichtsverlagerung (dynamisch):** Die Probandin nimmt als Ausgangsposition einen hüftbreiten Stand ein. Die Gelenke sind leicht gebeugt, die Arme hängen seitlich am Körper herab, die Schulterblätter sind fixiert. Nun verlagert sie ihr Gewicht mehrfach auf die verschiedenen Seiten (vorne, hinten, rechts, links). Vor jedem Seitenwechsel erfolgt der Rückgang in die Ausgangsposition. Der Vorgang wird 15 Mal ausgeführt und drei Mal durchgeführt. Daraufhin werden dieselben Vorgänge mit geschlossenen Augen vollzogen.
2	**Einbeinstand (statisch):** Die Testperson stellt sich auf ein Bein und versucht für 15 Sek. das Gleichgewicht zu halten. Daraufhin kehrt sie in die Ausgangsposition zurück und wechselt nach ein paar Sekunden Pause auf das andere Bein. Die Übung wird auf jeder Seite jeweils drei Mal ausgeführt.
3	**Standwaage (statisch):** Die Probandin startet in der Ausgangsposition (vgl. Übung 1). Nun verlagert sie ihr Gewicht auf ein Bein, streckt das andere Bein nach hinten oben und verlagert den Oberkörper nach vorne, sodass dieser mit dem Rücken und dem gestreckten Bein eine vertikale Linie bildet. Die Position wird 15 Sekunden gehalten, daraufhin kehrt die Probandin in die Ausgangsposition zurück und wiederholt die Übung nach einer kurzen Pause mit dem anderen Bein. Die Übung wird auf beiden Seiten jeweils zwei Mal wiederholt.
4	**Beidbeiniger Stand auf Balance Kissen (statisch):** Die Testperson nimmt auf einem Balance Kissen die Ausgangsposition (vgl. Übung 1) ein. Nun versucht sie 15 Sekunden lang das Gleichgewicht zu halten. Nach einer kurzen Pause wird die Übung noch zwei Mal wiederholt.
5	**Beidbeiniger Stand auf Balance Kissen mit Störfaktor Ball (dynamisch):** Die Probandin nimmt auf dem Balance Kissen die Ausgangsposition (vgl. Übung 1) ein. Während sie das Gleichgewicht hält, wirft sie einen Ball in die Luft und fängt diesen wieder auf. Der Ball wird 15 Mal geworfen und wieder gefangen. Die Übung wird nach einer kurzen Pause noch zwei Mal wiederholt.
6	**Einbeiniger Stand auf Balance Kissen(statisch):** Die Probandin nimmt auf dem Balance Kissen die Ausgangsposition (vgl. Übung 1) ein. Nun verlagert sie das Gewicht auf ein Bein, streckt beide Arme vor sich vom Körper weg und versucht das Gleichgewicht 15 Sek. zu halten. Nach einer kurzen Pause wechselt sie das Bein und führt die Übung insgesamt drei Mal auf jeder Seite durch.

Übung	Beschreibung
7	**Einbeiniger Stand auf Balance Kissen mit Standwaage(dynamisch):** Die Probandin nimmt auf dem Balance Kissen die Ausgangsposition (vgl. Übung 1) ein. Nun verlagert sie ihr Gewicht auf ein Bein, streckt das andere Bein nach hinten oben und verlagert den Oberkörper nach vorne, sodass dieser mit dem Rücken und dem gestreckten Bein eine vertikale Linie bildet. Daraufhin kehrt sie auf dem Bein stehend in die Ausgangsposition zurück und wiederholt den Vorgang fünf Mal. Nach einer kurzen Pause wechselt sie das Bein und führt die Übung auf beiden Seiten jeweils drei Mal aus.
8	**Einbeiniger Stand auf Balance Kissen mit Störfaktor Flexi- Bar(dynamisch):** Die Probandin nimmt auf dem Balance Kissen die Ausgangsposition (vgl. Übung 1) ein. Nun verlagert sie ihr Gewicht auf ein Bein, streckt das andere Bein nach hinten, hält den Flexi Bar vertikal in beiden Händen auf Brusthöhe vor dem Körper. Jetzt versucht sie den Flexi Bar für 30 Sekunden in Schwingung zu bringen (oszillieren) und gleichzeitig die Balance zu halten. Nach einer kurzen Pause wechselt sie das Bein und wiederholt die Übung auf beiden Seiten zwei Mal.
9	**Ausfallschritt auf zwei instabilen Unterlagen (statisch):** Die Probandin kniet auf einem Knie auf dem Balancekissen und stellt das andere Bein nach vorne auf einem Therapiekreisel auf. Nun wird das Gleichgewicht für 15 Sekunden gehalten. Die Probandin wechselt nach einer kurzen Pause die Positionen der Beine und wiederholt de Übung auf beiden Seiten noch zwei Mal.
10	**Ausfallschritt auf zwei instabilen Unterlagen mit Störfaktor Ball (dynamisch) :** Die Probandin kniet auf einem Knie auf dem Balancekissen und stellt das andere Bein nach vorne auf einem Therapiekreisel auf. Während sie das Gleichgewicht hält, streckt sie beide Arme auf Schulterhöhe zur Seite weg und übergibt einen Ball in die andere Hand, indem die Arme gestreckt über dem Kopf zusammengeführt werden. Der Ball wird 15 Mal übergeben. Nach einer kurzen Pause wechselt die Testperson die Positionen der Beine und wiederholt die Übung noch zwei Mal auf beiden Seiten.

Das Belastungsgefüge der Probandin wird in folgender Tabelle 7 veranschaulicht. Die Trainingshäufigkeit pro Woche wurde aufgrund der Angabe der Probandin auf 3 Einheiten pro Woche festgelegt, da nur durch regelmäßige Übung eine Verbesserung der intra- und interkoordinative Reaktion der Muskulatur erfolgen kann (Häfelinger & Schuba, 2013, S.61).

Tabelle 7: Belastungsgefüge des Koordinationstrainings (eigene Darstellung)

Belastungsgefüge	Statische Übungen	Dynamische Übungen
Trainingshäufigkeit/Woche	3 Mal pro Woche	3 Mal pro Woche
Sätze/Übung	2-3	2-3
Belastungsdauer	5 -15 Sekunden	15-30 Wiederholungen
Satzpausen	30-60 Sekunden	30-60 Sekunden

4.2 Begründung

Die Koordinationsübungen sind nach Empfehlung Häfelingers & Schubas (2013, S. 70/71) von statisch zu dynamisch, von stabiler zu instabiler Unterlage und von Beinkoordination zu Bein-/Armkoordination aufeinander aufgebaut. Die ersten drei Übungen werden auf stabiler Unterlage durchgeführt. Nach der einweisenden Übung zur Hinführung zum Körpergefühl wird als erste Schwierigkeitsstufe die optische Orientierung weggenommen. Eine weitere Erschwernis ist der Übergang auf die instabile Unterlage, das Balance Kissen. Dies wird durch die Änderung vom Beidbeinigen Stand zum Einbeinigen Stand in Übung 6 verstärkt. Zusätzliche Aufgaben, wie die Standwaage oder dem Störfaktor Ball schulen vermehrt die Orientierungs- und Koordinationsfähigkeit der Probandin. Mit den Übungen 9 und 10 beendet die Testperson die Übungsreihe mit zwei Übungen auf unterschiedlich instabilen Unterlagen, die ineinander durch einen Ball als Störfaktor gesteigert werden. Zu den Zielen des propriozeptiven Trainings gehören neben einer guten Haltungsstabilität auch der ökonomische Krafteinsatz bei Sport- und Alltagsbelastungen sowie einer verbesserten Reaktionsfähigkeit auf externe Reize (Häfelinger & Schuba, 2013, S.61/62). Alle genannten Aspekte sind sehr wichtig für die Probandin, da ihr die Haltungsschulung im Berufsalltag hilft eine stabilere Sitzposition einzunehmen und im Krafttraining eine Verbesserung der Übungsqualität zu erzielen.

5 Literaturrecherche

Die folgenden Studien setzen sich mit den Effekten des Dehnens im Hinblick auf eine Verletzungsprophylaxe auseinander.

Tabelle 8:   Studie 1 (Cross & Worrell, 1999)

Wer hat die Studie durchgeführt?	Kross, K.M. und Worrell, T.W.
Jahr der Publikation	1999
Wie lautet die Forschungsfrage?	Effekte eines statischen Dehnprogramms auf die Häufigkeit von Muskelsehnenzerrungen der unteren Extremitäten.
Versuchspersonen	195 College- Footballspieler
Versuchsaufbau	Die Studie lief über 2 Footballsaisonen. In der ersten Saison führten die Footballspieler kein Dehntraining durch. In der zweiten Saison führten sie ein Dehntraining für die Beinmuskulatur durch. Es wurden der M. quadriceps femoris, die Mm. adductores, der M. gastrocnemius und der M. soleus gedehnt. Der Umfang des Trainings betrug 6 Minuten und wurde vor dem Konditionstraining durchgeführt.
Ergebnisse	Als Ergebnis der Studie wurde ein signifikanter Unterschied von Muskelzerrungen festgestellt, da die Zahl davon um 48,8% gesunken ist. Der Anteil an Verletzungen durch eine Zerrung sank von 27,7% in der ersten Saison auf 13,7% in der zweiten Saison.

Tabelle 9:   Studie 2 (Pope, R.P., Herbert, R.D., Kirwan, J.D. und Graham, B.J.)

Wer hat die Studie durchgeführt?	Pope, R.P., Herbert, R.D., Kirwan, J.D., und Graham, B. J.
Jahr der Publikation	2000
Wie lautet die Forschungsfrage?	Die Studie untersuchte die Wirkung eines Dehntrainings auf die Verletzungsprophylaxe.
Versuchspersonen	Australische Rekruten
Versuchsaufbau	Eine Versuchsgruppe von 735 Rekruten dehnte 6 unterschiedliche Muskeln bzw. Muskelgruppen des Beines (Mm. gastrocnemius, M. soleus, die ischiocrurale Muskulatur, M. quadriceps femoris, Mm. adductores und Hüftbeuger) vor intensiven Belastungen. Einzelne Muskeln bzw. Muskelgruppen wurden jeweils für 20 Sekunden statisch gedehnt. Die Studie erfolgte über einen Zeitraum von 11 Wochen und bestand aus 40 Einheiten. Die Trainingsgruppe bestand aus 735 Rekruten, die Kontrollgruppe aus 803 Rekruten, die kein Dehntraining durchführten. Registriert wurden alle Verletzungen der unteren Extremitäten die dazu führten, dass die Rekruten drei Tage ihre Aufgaben nicht beschwerdefrei durchführen konnten.
Ergebnisse	Insgesamt wurden 333 Verletzungen von dieser Art registriert, 158 Verletzungen in der Trainingsgruppe und 175 Verletzungen in der Kontrollgruppe. Zusätzlich wurden sie in 119 Knochenverletzungen und 214 Weichteilverletzungen unterschieden. Letztere verteilten sich auf 94 Verletzungen in der Trainingsgruppe und 120 Verletzungen in der Kontrollgruppe. Das Verletzungsrisiko ließ sich also in der Trainingsgruppe durch die Dehnungsübungen tendenziell aber nicht signifikant (Gesamt: -5%; Weichteilverletzungen: -17%) reduzieren.

15

6 Literaturverzeichnis

Cross, K. M. & Worrell, T. W. (1999). Effects of a Static Stretching Program on the Incidence of Lower Extremity Musculotendinous Strains. *Journal of Athletic Training*, *34* (1), 11-14.

Häfelinger, U. & Schuba, V. (2013). *Koordinationstherapie: propriozeptives Training* (6. überarb. Ausg.). Aachen: Meyer & Meyer.

Hottenrott, K., & Neumann, G. (2010). Trainingswissenschaft: Ein Lehrbuch in 14 Lektionen Band 7. In K. Hottenrott, & N. G., *Trainingswissenschaft: Ein Lehrbuch in 14 Lektionen Band 7 (S. 202)*. Aachen: Meyer & Meyer Verlag.

Janda, V. (2000). *Manuelle Muskelfunktionsdiagnostik* (12. Ausg.). München: Urban & Fischer.

Pope, R. P., Herbert, R. D., Kirwan, J. D. & Graham, B. J. (2000). A randomized trial of preexercise stretching for prevention of lower-limb injury. *Medicine and Science in Sports and Exercise*, *32* (2), 271-277.

Walker, B. (2014). *Anatomie des Stretchings: Mit der richtigen Dehnung zu mehr Beweglichkeit*. München: riva.

Weineck, J. (2004). *Sportbiologie (4 Ausg.)*. Balingen: Spitta.

7 Tabellenverzeichnis